¡Sin resolver!
Misterios de la historia

Dona Herweck Rice

TIME FOR KIDS

Consultores

Dr. Timothy Rasinski
Kent State University

Lori Oczkus
Consultora de alfabetización

Basado en textos extraídos de *TIME For Kids*. *TIME For Kids* y el logotipo de *TIME For Kids* son marcas registradas de TIME Inc. Utilizados bajo licencia.

Créditos de publicación

Dona Herweck Rice, *Jefa de redacción*
Lee Aucoin, *Directora creativa*
Jamey Acosta, *Editora principal*
Lexa Hoang, *Diseñadora*
Stephanie Reid, *Editora de fotografía*
Rane Anderson, *Autora colaboradora*
Rachelle Cracchiolo, *M.S.Ed.*,
  Editora comercial

Créditos de imágenes: págs.19 (arriba), 23 (mitad inferior) Alamy; pág.25 Corbis; pág.48 Dona Rice; págs.11, 15 (izquierda), 16 (medio), 16 (abajo), 23 (mitad superior), 28 (mitad derecha), 30, 33 (arriba a la derecha), 35 (abajo) Getty Images; págs.tapa, 5, 12 (abajo), 26 (abajo), 29 (arriba), 34, 40–41, 48 (abajo) iStockphoto; pág.7 (abajo) Library of Congress [LC-USZ62-10187]; pág.22 (arriba) Library of Congress [LC-DIG-pga-02388]; pág.31 (abajo) Library of Congress [LC-DIG-npcc-25207]; págs.20–21 NASA; pág.18 (abajo) akg-images/British Library/Newscom; pág.23 (abajo) akg-images/Newscom; pág.35 (arriba) Danita Delimont/Newscom; pág.29 (abajo) EPA/Hugo Philpott/Newscom; pág.13 (arriba) NASA/Newscom; págs.32–33 Picture History/ Newscom; pág.9 (derecha) REUTERS/Newscom; pág.7 (arriba) Richard Chamberlanin/Newscom; pág.10 UPI/Newscom; pág.13 (abajo) ZUMA Press/Newscom; págs.23 (arriba), 37 (medio) Photo Researchers Inc.; pág.32 (izquierda) The Bridgeman Art Library; págs.17, 28 (izquierda) The Granger Collection; todas las demás imágenes de Shutterstock.

Teacher Created Materials

5301 Oceanus Drive
Huntington Beach, CA 92649-1030
http://www.tcmpub.com

ISBN 978-1-4333-7062-5

Tabla de contenido

¿De verdad?

Ah, ¡vamos! ¿Es verdad eso? Te preguntarás eso y más cuando leas sobre desapariciones extrañas, criaturas exuberantes y apariciones misteriosas en este libro. ¿Son reales? ¿Qué sucedió? Solo la historia lo sabe con certeza. ¿Podría ocurrir algo semejante de nuevo? Quizá ese es un misterio para otro momento. . . .

PARA PENSAR

La historia es más que los hechos de un libro. Pero hay algunas cosas que quizá nunca entendamos. Y la verdad es, que algunos de los eventos más famosos de la historia también son algunos de los más misteriosos.

- ▶ ¿Cómo pudieron desaparecer algunas de las figuras más famosas de la historia?

- ▶ ¿Sucedieron realmente algunos de los momentos más grandes de la historia?

- ▶ ¿Existen otros costados de estas historias que aún no conocemos?

¿Qué le sucedió?

Es difícil hacer cualquier cosa sin ser visto. Hay cámaras en todos lados. Están colocadas en los edificios. Las personas tienen cámaras en sus teléfonos listas para filmar lo que ven. ¡Te sorprenderías al saber cuántas veces apareces grabado por día!

Pero no siempre fue así. Hubo tiempos en los que las personas iban y venían sin registros de video. E incluso ahora, las personas que quieren desaparecer, o hacer desaparecer a otras, pueden encontrar una manera.

Prisionero enmascarado

Desde aproximadamente 1669 hasta su muerte en 1703, un hombre misterioso estuvo encerrado en prisiones de toda Francia. La mayor parte del tiempo estuvo en la **Bastilla**. Nunca nadie vio la cara del hombre. Siempre estaba cubierta con una máscara de terciopelo negro. El nombre del prisionero era Eustache Dauger. Probablemente ese no sea su verdadero nombre. A Dauger le dijeron que si hablaba de él, lo matarían. Solo el gobernador de la Bastilla podía ver su cara. Nadie sabe quién era ni por qué estaba en prisión.

Se realizaron al menos una docena de películas sobre el prisionero misterioso. Generalmente lo muestran con una mascara de hierro.

¿El verdadero rey?

Muchas personas creen que el prisionero era el hermano del rey Luis XIV, incluso quizá un hermano mellizo. Creen que fue encarcelado por Luis XIV para que nadie pudiera impedir que Luis fuera el rey.

La Bastilla era una enorme fortaleza usada principalmente como una prisión por los líderes reales de Francia.

D.B. Cooper

El 24 de noviembre de 1971, un hombre entró en un aeropuerto de Portland. Decía llamarse Dan Cooper. Ese día, compró un boleto para Seattle. Luego de despegar, Cooper le entregó una nota a la azafata del vuelo. Decía: "Están siendo **secuestrados**". Quería dinero, paracaídas y más combustible. El **Buró Federal de Investigación (*FBI*)** reunía lo solicitado para el rescate. El avión daba vueltas en el cielo. Dos horas más tarde, el avión aterrizó en Seattle. Cooper permitió que la mayoría de las personas descendieran. Obtuvo el dinero del **rescate** y cuatro paracaídas. El avión se reabasteció de combustible y despegó nuevamente. Cooper obligó al piloto a volar bajo y hacia el sur. Luego, ¡Cooper saltó del avión! Se había ido. Nadie sabe cuál era su verdadero nombre. El *FBI* no está seguro de su muerte. Aún lo buscan.

Este es el único secuestro de aviones sin resolver de toda la historia aeronáutica de Estados Unidos.

¿Quién era D.B.?

Un delincuente de poca monta de la zona de Portland se llamaba D.B. Cooper. El *FBI* pensó que quizá era Dan Cooper. Pero estaban equivocados. Los periódicos descubrieron esto pero igualmente publicaron que Dan Cooper era D.B. Cooper. Ese nombre ha quedado desde entonces.

Jimmy Hoffa

Jimmy Hoffa fue un dirigente sindical desde 1932 hasta 1975. Comandó al **Sindicato del transporte**, uno de los **sindicatos** más poderosos del momento. Pero Hoffa no siempre jugaba limpio. Es probable que haya trabajado con el crimen organizado.

El 30 de julio de 1975, se suponía que Hoffa iba a encontrarse con dos hombres en un restaurante de Detroit. Hoffa estaba nervioso. Uno de los hombres era un jefe del crimen importante. Cuando los hombres no aparecían, Hoffa llamó a su esposa. Dijo que lo habían dejado plantado. Hoffa nunca regresó a su casa. Un camionero dijo que había visto a Hoffa en el asiento trasero de un auto que casi choca contra su camión cuando salía del estacionamiento.

El restaurante Manchus Red Fox en Michigan, donde se suponía que iba a realizarse la reunión.

"¿Adónde está el cuerpo de Jimmy Hoffa?" se ha convertido en una pregunta típica siempre que la gente habla sobre desapariciones misteriosas.

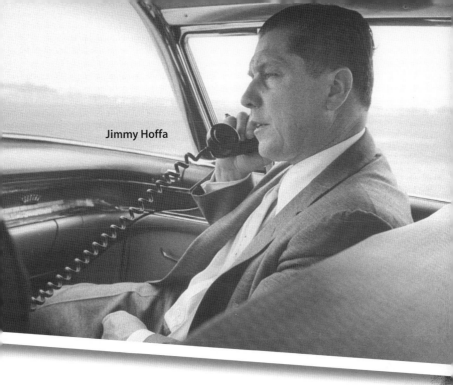

Jimmy Hoffa

El auto fue **rastreado** hasta dar con un hombre a quien Hoffa había ayudado. Los perros de la policía encontraron rastros de Hoffa en el baúl del auto. Pero todos tenían una **coartada**.

La policía nunca encontró el cuerpo. Están seguros de que saben quién mató a Hoffa. Y conocen el motivo. Simplemente no saben qué sucedió con Hoffa. Y no saben adónde se encuentra su cuerpo.

Crimen organizado

El *FBI* define al crimen organizado como un crimen cometido por un grupo con una estructura formal. El objetivo principal del grupo es hacer dinero a través de actividades ilegales. Muchos de estos grupos utilizan la violencia o las amenazas para controlar a las personas de su comunidad.

Amelia Earhart

En los comienzos del viaje en avión, muy pocas mujeres volaban aviones. Amelia Earhart fue una de las primeras. En 1932, fue la primera mujer en cruzar el océano Atlántico en solitario. E intentó dar la vuelta al mundo en 1937. Pero durante el vuelo, se perdió el contacto por radio. Estaba cerca de una isla donde se suponía que iba a aterrizar. La última cosa que alguien oyó de ella fue: "Debemos estar sobre ustedes, pero no podemos verlos. Se está acabando el combustible. . . " Luego de eso, todo fue silencio. Earhart y su avión nunca fueron encontrados.

¿Está viva?

Hay muchas personas que piensan que quizá Earhart se estrelló en una isla remota y sobrevivió. Incluso si esto fuera cierto, desde entonces ya hubiese muerto. Pero las historias sobre su sobrevivencia continúan.

En su intento por dar la vuelta al mundo, la última parada de Earhart para cargar combustible fue en Lae, Nueva Guinea. Las personas de allí fueron las últimas que la vieron.

Yo vi a Elvis

Cuando una persona famosa muere joven, trágicamente o de manera misteriosa, parece haber innumerable cantidad de gente que no cree verdaderamente que la persona haya fallecido. Surgen historias por todos lados de personas que insisten que han visto a la persona viva y en buenas condiciones. La súper estrella de rock Elvis Presley es un ejemplo de esto. Murió en 1977, pero aún hoy hay personas que dicen que lo han visto.

Acto de desaparición

El Triángulo de las Bermudas es un lugar donde han desaparecido montones de barcos, aviones y personas. Está ubicado en el océano Atlántico. Algunas personas creen que esta zona es muy peligrosa. Creen que hay un campo magnético allí que hace que las brújulas dejen de funcionar. Otros piensan que el motivo de las desapariciones son las fuertes corrientes de agua y las condiciones del clima.

Océano Atlántico

Bermudas

Florida

Puerto Rico

Sin rastro

En 1918, un barco naval de los EE. UU. se perdió luego de partir desde la isla de Barbados hacia el Triángulo de las Bermudas. El barco y la tripulación de 306 personas desaparecieron sin dejar rastros. Algunas personas lo adjudican a tormentas o enemigos de guerra. Otros dicen que si la desaparición hubiese sido causada por una tormenta o un combate de guerra, habría **vestigios** del barco o de la tripulación.

Vuelo 19

En 1945, cinco bombarderos de la Marina de los EE. UU. despegaron de Fort Lauderdale, Florida, en un vuelo de entrenamiento. Los pilotos se perdieron dentro del Triángulo de las Bermudas. A través de la radio de uno de los aviones, el líder del grupo dijo que su brújula no funcionaba. También dijo que todo se veía extraño y que no podía darse cuenta dónde estaban. Un sexto avión que fue enviado para encontrarlos también desapareció. Y aunque la Marina solicitó a todos los aviones y barcos del lugar que los buscaran, nunca se encontraron rastros de los aviones.

Anastasia

Hubo un gran problema en Rusia a principios del siglo xx. Las personas querían deshacerse de los viejos gobernantes. Nicolás II era el gobernante del momento. Estaba casado y tenía cinco hijos. Anastasia Romanov era su hija más pequeña.

El 17 de Julio de 1918, la policía secreta mató a Nicolás y a su familia. Pero, ¿Anastasia sobrevivió?

La familia de Nicholas Romanov fue asesinada en 1918.

los Romanov

The New York Times.

NEW YORK, FRIDAY, MARCH 16, 1917.—TWENTY PAGES.

21,601.

THE WEAT...
Fair today; tomorrow...
moderate northwest...

ONE CENT | TWO C...
In Greater New York. | New England and...

...OLUTION IN RUSSIA; CZAR ABDICATE... ...HAEL MADE REGENT, EMPRESS IN HIDIN... ...O-GERMAN MINISTERS REPORTED SL...

Government Heads Hold a Mysterious Conference

Special to The New York Times.
WASHINGTON, March 15.—A conference surrounded with much mystery took place late this afternoon in the office of the Secretary of State. In addition to Secretary Lansing, it was attended by Mr. Baker, the Secretary of War; Mr. Gregory, the Attorney General; Mr. Daniels, the Secretary of the Navy; Mr. Polk, the Counselor of the State Department and Mr. Woolsey, personal legal adviser to the Secretary of State.

After the conference it was said by one of those who attended it that by one of those had been dictated. It had been devoted, he indicated, to many questions that...

LONDON HAILS REVOLUTION

Expected Czar's Overthrow and Sees Brighter Prospects for the Allies.

THINK THE COUP DECISIVE

Well-Informed Observers Believe the Patriotic War Party Has Made Its Control Secure.

FEAR NO SEPARATE PEACE

With Weak Ruler Deposed and Pro-German Advis...

Duma Appeals to the Army for Unity Against Foe; Gives Pledge of No Weakening or Suspension of War

LONDON, March 15.—The Reuter correspondent at Petrograd telegraphs under date of yesterday:
"The Military Committee of the Duma has asked all the officers not yet employed by the committee to undertake the organization of the soldiers who have joined the people, and help guard the capital. The committee has issued a statement, pointing out that at the present moment weakness of an enemy who wished to take advantage of the temporary weakness of the country, it was absolutely necessary to make every effort to maintain the power of the army. It added that the blood of the Russians who had shed during the two and a half years of war pledged the people to do this.
"The President of the Duma sent telegrams to the commanders of the Baltic and Black Sea fleets, to the chiefs of the armies on the northern, southwestern, western, Rumanian, and Caucasus fronts, and to the Chief of the General Staff, requesting that the army and navy preserve absolute calm, and to be sure that the struggle against the foreign enemy may not be suspended or weakened even for a single moment. The telegram sent these commanders added:

As hitherto, the army and navy must continue firmly and valiantly to defend the country, and while the Provisional Committee is aided by the military element in the capital and with the moral support of the population in restoring calm and regular activity, each officer, soldier, and sailor should fulfil...
"The officers of the army...

ARMY JOINS WITH THE DUMA

Three Days of Conflict Follow Food Riots in Capital.

POPULACE TAKE UP ARMS

But End Comes Suddenly When Troops Guarding Old Ministers Surrender.

CZAR FINDS...

Leading Figures in Russian R...

FRYATT'S FATE

Durante años, muchas personas pensaron eso. Muchas mujeres afirmaban ser la **duquesa** perdida. Además, reclamaban la fortuna de la familia. Pero en 2009, la ciencia comprobó que ninguna de ellas era. Es seguro que toda la familia murió ese día.

Anastasia, a los 9 años

Anna

Anna Anderson es la persona más famosa de las que aseguraban ser Anastasia. Se han escrito muchas películas, libros y obras de teatro sobre su historia. Pero ahora, sabemos que todas ellas son falsas. Décadas después de la muerte del **zar**, finalmente se encontró la ubicación de su cuerpo y el de su esposa y sus hijos. Las **pruebas de ADN** confirmaron sus identidades. Compararon el ADN de Anna Anderson con los restos de Anastasia, pero no coincidieron.

¿Quién era Jack, el destripador?

Uno de los criminales más famosos de la historia es conocido como Jack, el destripador. En 1888, asesinó a varias mujeres pobres de Londres. Nunca lo capturaron. Actualmente, hay más de 100 teorías sobre quién era. Pero el caso nunca se resolvió.

Querido jefe

Luego de los asesinatos, apareció una carta misteriosa, escrita por una persona que aseguraba ser el asesino. El autor prometía que cortaría la oreja de su próxima víctima. Tres días más tarde, se produjo otro asesinato. La oreja de la víctima asesinada estaba parcialmente cortada. ¿Fue simplemente una coincidencia?

THE ILLUSTRATED POLICE NEWS

LAW COURTS AND WEEKLY RECORD.

SATURDAY, NOVEMBER 24, 1888.

No. 1,893.

PORTRAIT SKETCHES OF SUPPOSED WHITECHAPEL MONSTER AND INCIDENTS

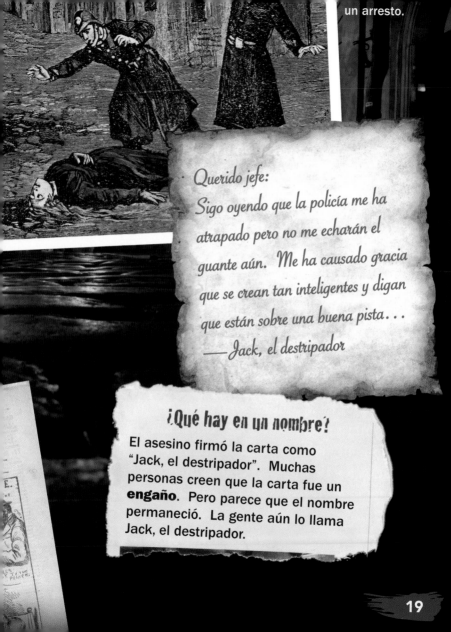

Querido jefe:

Sigo oyendo que la policía me ha atrapado pero no me echarán el guante aún. Me ha causado gracia que se crean tan inteligentes y digan que están sobre una buena pista...

—Jack, el destripador

¿Qué hay en un nombre?

El asesino firmó la carta como "Jack, el destripador". Muchas personas creen que la carta fue un **engaño**. Pero parece que el nombre permaneció. La gente aún lo llama Jack, el destripador.

¿Podemos creerlo?

Imágenes granulosas en la televisión muestran algo increíble. Una imagen fugaz de algo grande y peludo atraviesa rápidamente el bosque. Una sombra parecida a una serpiente se mueve sobre el agua y luego desaparece. Un hombre pobre con poca educación crea las obras de teatro más espectaculares de todos los tiempos. ¿Alguna de estas afirmaciones puede ser verdadera?

¡El trece por ciento de las personas que realizaron una encuesta en 1988 creían que la luna estaba hecha de queso!

Al vuelo espacial *Apolo 11* solo le quedaba combustible para 20 segundos antes de alunizar de manera segura.

Alunizaje

Mientras un mundo sorprendido observaba, las primeras personas alunizaron el 20 de julio de 1969. La gente miraba el evento en sus pequeños televisores. Casi no podían creer que los hombres hubieran alunizado de manera segura y estuvieran caminando sobre la superficie rocosa de la luna.

Hasta el día de hoy, no todos creen que realmente lo hicieron. De hecho, ¡algunos no creen que las personas hayan alunizado *alguna vez*! Insisten en que todo fue realizado en un set de filmación.

Colón descubre América

Durante años, las escuelas han enseñado que Cristóbal Colón descubrió América. Pero, ¿es verdad? En 1492, Colón zarpó desde Europa con tres barcos. Buscaba riquezas en las Indias. En cambio, desembarcó a una isla cerca de Florida. Pero ya había gente allí. Por eso, algunas personas dicen que Colón no descubrió América en realidad. Los historiadores aún debaten acerca de quién llegó primero al Nuevo mundo.

Nuevo para ustedes

Uno de los motivos por los que los historiadores le dan crédito a Colón es que antes de sus viajes, América aún era prácticamente desconocida para el mundo. Después de Colón, el conocimiento del "Nuevo mundo" se propagó.

Primeros exploradores

Su nombre puede ser famoso, pero Colón no fue el primero en llegar a América.

13,000 a. C.

Los historiadores han descubierto vestigios que muestran que los primeros humanos pueden haber llegado a América del Norte hace más de 15,000 años.

1000 d. C.

Quinientos años antes de Colón, el vikingo Leif Erikson navegó con 35 hombres a la isla de Terranova cerca de la costa de Canadá.

1422 d. C.

Otros creen que los chinos viajaron al continente americano 70 años antes de Colón.

1492 d. C.

En 1492, Colón descubrió una pequeña isla cerca de las costas del continente americano. Miles de personas ya vivían allí cuando llegó, pero él le adjudicó las tierras a España.

Pie grande

Muchas personas del noroeste Pacífico aseguran haber visto un hombre salvaje gigante parecido a un mono. Dicen que deambula por el bosque. Aseguran que camina erguido, que mide más de siete pies de altura y que tiene pies enormes. Algunas personas han tomado fotos, pero nadie puede asegurar si es una criatura real o simplemente una persona disfrazada de mono. Algunos científicos creen que pie grande puede ser real.

Sobre las huellas

Pie grande es conocido por diferentes nombres. Pero cada nombre describe una criatura grande similar parecida a un mono que deambula cerca de los montes y los bosques.

Canadá
Sasquatch

Estados Unidos
Pie grande

Brasil
Mapinguary

Primeros informes

Pie grande también es llamado *Sasquatch*, que deriva de la palabra *sésquac* de la lengua de los indios salish, que significa "hombre salvaje". Entre las personas nativas de noroeste pacífico se contaron historias de hombres salvajes durante siglos. Las historias fueron escritas por primera vez en la década de 1920 por J.W. Burns. También fue el primero en llamar *Sasquatch* a la criatura.

Esta foto famosa ha llevado a algunos a creer que Pie grande es real.

Nepal
Yeti

India
Mande barung

Indonesia
Sajarang gigi

Australia
Yowie

El monstruo del lago Ness

Uno de los lugares más famosos de Escocia es el lago Ness. ¡La gente dice que un monstruo gigante del mar vive allí! Creen que vive principalmente debajo del agua. Pero tanto ahora como entonces, las personas están seguras de verlo subir hasta la superficie. Cuando lo buscan, nadie encuentra evidencias reales de que la criatura exista. Pero las historias continúan. Las personas no pueden explicar las cosas extrañas que ven.

El fotógrafo de esta foto famosa de 1934 asegura que es la cabeza y el cuello del monstruo del lago Ness.

En 1976, se intentó atraer a Nessie hasta la superficie del agua con tocino. ¿Por qué tocino? ¿Quién sabe? Pero no funcionó.

Verdades profundas

Un monje irlandés del siglo XVII fue el primero en mencionar haber visto al monstruo del lago Ness. Yendo al entierro de un hombre en la zona del lago Ness, preguntó cómo había muerto el hombre. La gente dijo que lo había matado una bestia gigante del agua. Dijeron que había atacado al hombre mientras nadaba.

Shakespeare

Muchas personas dicen que William Shakespeare escribió las mejores obras de arte y poemas de la historia. El Bardo, como lo llamaban, vivió en el siglo XVI en Inglaterra. Provenía de una familia trabajadora. La mayoría de la gente pobre no tenía educación. Y él solo tenía un poco. Sin embargo, su obra es **genial**. Está llena de detalles que solo una persona muy educada conocería. Por este motivo, muchas personas creen que en realidad Shakespeare no escribió sus obras.

Los sospechosos de siempre

Si Shakespeare no escribió sus obras, ¿quién lo hizo? Las respuestas más populares incluyen a Christopher Marlowe, Francis Bacon y Edward de Vere. Todos ellos eran hombres brillantes y con un buen nivel de educación de la época. Algunas personas dicen que fueron escritas por la reina Isabel I.

▲ Christopher Marlowe

▲ Francis Bacon

▲ Edward de Vere

▲ reina Isabel I

La última palabra

Estas palabras están grabadas en la lápida de Shakespeare:

Maldito sea el que mueva mis huesos.

¿Cuál es la verdadera historia?

Civilizaciones enteras han desaparecido. Y comunidades enteras parecieran haber enloquecido. Todo esto ocurrió sin una verdadera explicación. ¿Qué les sucedió a estas personas? Quizá nunca lo sepamos con seguridad. Pero eso no nos impide hacer apreciaciones.

Roanoke

En el siglo XVI, Inglaterra intentó establecer una colonia en el Nuevo mundo. La llamaron Roanoke. Durante un tiempo a la colonia se le entregaron provisiones. Pero durante tres años los organizadores no pudieron regresar a la colonia. Durante ese tiempo, toda la gente desapareció. No había signos de luchas ni de guerras. La gente simplemente había desaparecido.

Sir Walter Raleigh organizó la colonia Roanoke. Pasaron muchos años antes de que intentara descubrir qué sucedió con la colonia. Nunca encontró la respuesta.

Atrévete a creer

Las Piedras Dare son una colección de 48 piedras talladas a mano. Cada piedra ofrece una pista sobre lo que podría haber sucedido con la colonia perdida. **Supuestamente** escrito por Eleanor Dare, una colona de Roanoke, las piedras cuentan qué sucedió con la colonia. La mayoría de los historiadores cree que las piedras son falsas.

VIRGIN DARE
DIED HERE
CAPTIF POWHATAN
1590 CHARLES

Juicios a las brujas de Salem

En 1692 en Salem, cientos de personas fueron acusadas de brujería. Algunas mujeres jóvenes y líderes políticos comenzaron con la locura. Veinte fueron asesinadas y cuatro murieron en prisión.

¿Cómo sucedió esto? Una combinación extraña de razones podría haber causado los juicios a las brujas. Algunos dicen que era aburrimiento de adolescentes. Otros dicen que eran contiendas familiares. Otros dicen que era dinero. Cualesquiera sean las razones, el miedo se apoderó de todo. Cuando la locura se detuvo, muchos no podían creer lo que habían hecho.

¡Incluso dos perros fueron asesinados por ser ayudantes de las brujas!

Los acusados fueron ahorcados en público.

Los acusados: 1692

19 de julio
Sarah Good
Elizabeth Howe
Susannah Martin
Rebecca Nurse
Sarah Wildes

19 de septiembre
Giles Corey

22 de septiembre
Martha Corey
Mary Eastey
Ann Pudeator
Alice Parker
Mary Parker
Wilmott Redd
Margaret Scott
Samuel Wardwell

19 de agosto
George Burroughs
Martha Carrier
George Jacobs Sr.
John Proctor
John Willard

10 de junio
Bridget Bishop

Imperio maya

El imperio maya fue uno de los más grandes de la historia. Se desarrolló desde el 2,600 a. C. hasta el 900 d. C. Luego, desapareció rápidamente. ¿Por qué?

La gente cree que es posible que se hayan producido desastres, como terremotos. O quizá hubo una revuelta realizada por los pobres. Tal vez aparecieron enfermedades. Quizá se terminaron todos los **recursos** y las personas no pudieron sobrevivir más. ¿La verdad? Nadie la sabe realmente.

Los mayas construyeron estructuras sorprendentes, incluido este templo. ▶

Anasazi

Como los maya, los anasazi desaparecieron. Fueron la cultura dominante durante cientos de años en el sudeste estadounidense, aproximadamente a partir del 900 d. C. Pero desaparecieron de repente. Los motivos más probables son los cambios de clima, la sequía o los enemigos de guerra.

Los anasazi vivían en estructuras sorprendentes al borde de precipicios.

Los líderes espirituales eran una gran parte de la cultura maya.

Los neandertales

Los neandertales vivieron hace más de 50,000 años. En ese momento, los humanos modernos se extendían por toda la Tierra. Actualmente, solo los humanos sobreviven. Los neandertales se **extinguieron**.

Los científicos estudian los huesos de los neandertales para obtener información sobre ellos. Sabemos que eran parecidos a los humanos en algunas cosas. Pero tenían brazos y piernas más cortos, mandíbulas pesadas y músculos fuertes. Nadie está seguro del motivo por el que no sobrevivieron.

¡Adónde se fueron!

Las personas han especulado con que el hombre moderno peleó con los neandertales hasta que ya no pudieron sobrevivir. Hoy en día, algunos científicos piensan que tuvieron problemas para adaptarse cuando el clima se volvió más caluroso y seco. Otros piensan que los neandertales no tuvieron suficientes hijos para sobrevivir.

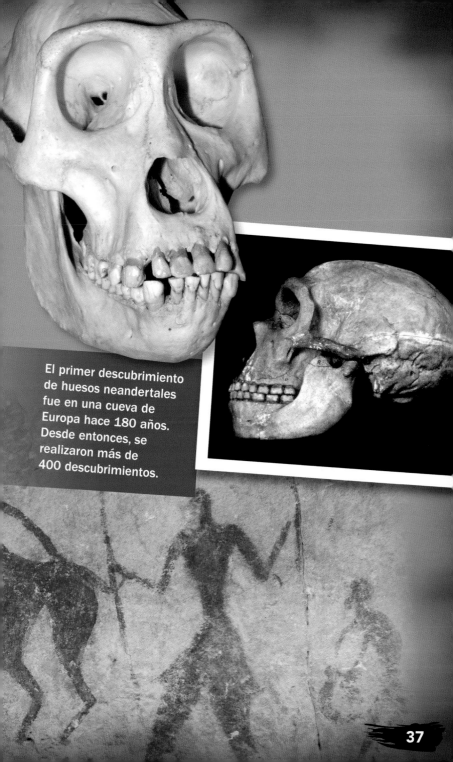

El primer descubrimiento de huesos neandertales fue en una cueva de Europa hace 180 años. Desde entonces, se realizaron más de 400 descubrimientos.

Descubriendo la verdad

Los historiadores quieren contar una historia. Tienen intriga sobre qué sucedió realmente y cómo sucedió. Como los detectives, los historiadores deben usar evidencias para resolver los misterios de la historia. Revisa estas herramientas del oficio para saber cómo los historiadores descubren la verdad.

Las entrevistas a testigos presenciales brindan detalles exclusivos sobre el acontecimiento.

Muchos investigadores recrean acontecimientos para entender mejor cómo podrían haber sucedido.

Los arqueólogos cavan para encontrar pistas y obtener más información sobre cómo vivían las personas en el pasado.

Los historiadores analizan cartas y diarios que fueron escritos por personas que observaron acontecimientos históricos.

Los mapas evidencian lo que las personas sabían sobre su tierra y su comunidad en una fecha determinada.

¡ALTO! PIENSA...

- ¿Qué herramientas crees que son las más confiables?

- ¿En qué crees que se diferencia un historiador de un detective?

- ¿Qué herramientas crees que brindarían información nueva sobre los misterios de este libro?

¿Alguna vez lo sabremos?

Alrededor del mundo y a lo largo de la historia, han sucedido cosas que no se pueden explicar. Quizá las personas nunca sepan qué sucedió ni por qué. Pero eso no nos impide hacer apreciaciones. Queremos saber. Y no dejaremos de investigar hasta resolverlo... ¡o morir en el intento!

¿En qué acontecimientos crees **TÚ** que los historiadores podrían haberse equivocado?

Glosario

Bastilla: una fortaleza francesa que fue utilizada como prisión por líderes franceses durante siglos

Buró Federal de Investigación (*FBI*): una organización que investiga crímenes nacionales

coartada: una excusa que demuestra que un sospechoso estaba en cualquier otro lugar al momento de un crimen

duquesa: un título real para una mujer

engaño: un truco diseñado para hacerle creer a la gente que algo es verdad cuando no lo es

extinguieron: que ya no existen

genial: brillante

pruebas de ADN: procedimientos usados para identificar a alguien o conectarlo con sus ancestros

rastreado: seguido por las huellas o rastros

recursos: materiales y provisiones que son altamente necesarios o valiosos

rescate: dinero pagado para liberar personas de secuestradores o raptores

secuestrados: tomados bajo amenaza de muerte, especialmente un vehículo como un avión

Sindicato del transporte: un sindicato conformado por personas que conducen camiones o camionetas que transportan carga

sindicatos: grupos de personas que realizan el mismo tipo de trabajo y se unen para mejorar las condiciones de trabajo y el salario

supuestamente: acusado pero sin pruebas

vestigios: cualquier cosa que queda o se deja atrás

zar: un gobernante de Rusia hasta 1917

Índice

Bibliografía

Halls, Kelly Milner. *In Search of Sasquatch.* **Houghton Mifflin Books for Children, 2011.**

Este libro contiene entrevistas con diferentes personas, que varían desde científicos hasta gente común y corriente, que han asegurado ver a Sasquatch.

Mannis, Celeste Davidson. *Who Was William Shakespeare?* **Grosset & Dunlap, 2006.**

Obtén información sobre la misteriosa vida de William Shakespeare y sus obras más famosas. En este libro se incluyen diagramas del *Globe Theater*, donde se interpretaron muchas de sus obras.

Stewart, Robert, Clint Twist, and Edward Horton. *Mysteries of History.* **National Geographic Society, 2003.**

Desde las antiguas pirámides egipcias hasta el caballo de Troya, este libro cuenta misterios de la historia de todo el mundo y a lo largo de todos los tiempos.

Tanaka, Shelley. *Amelia Earhart: The Legend of the Lost Aviator.* **Abrams Books for Young Readers, 2008.**

Bellas ilustraciones, fotografías y citas interesantes que cuentan la historia de Amelia Earhart, la famosa aviadora. Su historia es misteriosa y trágica, y este libro cuenta acerca de su carrera como piloto y de su desaparición.

Yolen, Jane, Heidi E.Y. Stemple, and Roger Roth. *Roanoke: The Lost Colony—An Unsolved Mystery from History.* **Simon & Schuster Books for Young Readers, 2003.**

Lee acerca de la desaparición misteriosa de la colonia Roanoke. Escrito junto con un detective privado, este libro está lleno de información sobre un misterio que ha desconcertado a la gente durante siglos.

Más para explorar

National Geographic
http://kids.nationalgeographic.com/kids/stories/history/salem-witch-trials/

Este artículo brinda información sobre los juicios a las brujas de Salem, escrito solo para niños.

Kids Gen: Unsolved Mysteries
http://www.kidsgen.com/unsolved_mysteries/

Lee acerca de algunos misterios históricos que han eludido a los científicos. Los temas incluyen las Piedras Guía de Giorgia, el monstruo del lago Ness, el Triángulo de las Bermudas y las calaveras de cristal de las antiguas ruinas mayas e incas.

Myths and Legends
http://www.faqkids.com/myths-legends

Estos artículos de preguntas y respuestas brindan información sobre el monstruo del lago Ness y Pie grande.

Kids Connect: Amelia Earhart
http://www.kidskonnect.com

En la página de inicio, haz clic en *Subject Index*. Luego, haz clic en *People*, luego en *Earhart, Amelia*. Obtén información sobre hechos fundamentales de la vida de Amelia Earhart, incluida su familia y su formación.

Encyclopedia Britannica for Kids
http://kids.britannica.com/

Enciclopedia Británica en línea ofrece una base de datos informativa donde pueden hacerse búsquedas de cualquier contenido que estén estudiando en clase o de los que deseen obtener más información. Las entradas de la enciclopedia están escritas para niños de 8 a 11 años o de 11 años en adelante.

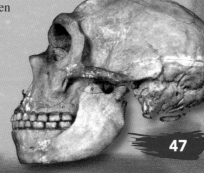

Acerca de la autora

Dona Herweck Rice se crió en Anaheim, California. Tiene un título en Inglés de la Universidad del sur de California y se graduó en la Universidad de California, Berkeley con una credencial para la enseñanza. Ha sido maestra de preescolar y hasta décimo grado, investigadora, bibliotecaria, directora de teatro, y actualmente es editora, poeta, escritora de materiales para maestros y escritora de libros para niños. Está casada, tiene dos hijos y vive en el sur de California.